Inhalt

Rohstoffeinkauf - eine Herausforderung (nicht nur) der chinesischen Art

Kernthesen

Beitrag

Fallbeispiele

Weiterführende Literatur

Impressum

Rohstoffeinkauf - eine Herausforderung (nicht nur) der chinesischen Art

I.Zeilhofer-Ficker

Kernthesen

- Die Rohstoffmärkte sind durch den weiterhin hohen Bedarf der Schwellenländer einerseits und die Wirtschaftskrise andererseits ins Schwanken gekommen.
- Preiserhöhungen, kurze Vertragslaufzeiten, Exportbeschränkungen und die Preisbeeinflussung durch an Profiten interessierte Kapitalanleger machen den Rohstoffeinkauf zur Herausforderung.

- Trotzdem leisten sich erst 19 Prozent der Unternehmen Spezialisten für Preisabsicherung und Rohstoffkostenmanagement.

Beitrag

Märkte in Aufruhr

Die Erdöl- und Erdgasvorkommen der Welt werden in einigen Jahrzehnten erschöpft sein. Schon jetzt sind oft teure und aufwendige Verfahren nötig, um die letzten Reserven von tief unter dem Meeresboden oder zwischen Gesteinsschichten herauszuholen. Ebenso sind die Vorkommen von Kupfer und anderen Industriemetallen begrenzt und begehrt. Dazu kommt die weiter steigende Nachfrage aus China und Indien, die sich nicht einmal in den vergangenen zwei Krisenjahren wesentlich verringert hat. (1), (2), (3)

Andererseits konzentrieren sich die Vorkommen häufig auf einige wenige Länder, die in vielen Fällen auch noch politisch instabil sind, oder die Vorkommen sind mangels Rentabilität nicht erschlossen. So lieferte China beispielsweise bisher über 90 Prozent der so genannten "Seltenen-Erden-Metalle", die vor allem in modernen Bauteilen wie

Elektronikkomponenten, Magneten, Beleuchtungstechnik oder für die Umwelttechnologie unverzichtbar sind. Mitte dieses Jahres verkündete China überraschend eine Exportbeschränkung auf 50 Prozent des Vorjahresbedarfs, in den kommenden Jahren sollen die Mengen noch weiter reduziert werden, um den chinesischen Inlandsbedarf zu sichern. Die gleichzeitig beschlossene Exportzollerhöhung um 25 Prozent heizt die Preisentwicklung zusätzlich kräftig an. [(4)](), [(5)]()

Und auch die Agrarrohstoffe sind starken Preisschwankungen unterworfen. So werden z. B. weltweit schlechte Baumwollernten durch die starken Überschwemmungen in weiten Teilen der Welt erwartet; und auch die Getreidepreise sind infolge schlechter Ernten auf Rekordhöhen angelangt. [(6)]()

Die Zukunft dürfte kaum eine Entspannung der Situation bringen - rechnen doch 70 Prozent der verantwortlichen Einkäufer in den nächsten 18 Monaten mit weiter steigenden Rohstoffpreisen. Eine Tatsache, die die Investition in Rohstoffe für Finanzspekulanten und Kapitalanleger interessant macht. In den vergangenen Jahren sind deshalb eine ganze Reihe von Finanzprodukten auf den Markt gekommen, die mit der Preisentwicklung von Rohstoffen spekulieren. Neuerdings werden manche Rohstoffe sogar physisch gekauft und eingelagert in der Erwartung, dass das reduzierte Angebot die

Preise in die Höhe treibt. Schließlich müssen die Einkäufer auch noch wahrscheinliche Währungsdifferenzen einkalkulieren, da die meisten Rohstoffe in US-Dollar eingekauft werden müssen. (3), (7)

Rohstoffeinkauf ist mit Risiken behaftet

Deutschland ist, wie auch der Großteil des restlichen Europas, arm an Rohstoff-Vorkommen. Deshalb ist die deutsche Industrie in hohem Maße von Rohstoffimporten abhängig. Rund 86 Milliarden Euro betrug das Importvolumen von Rohstoffen 2009, drei Jahre zuvor waren es erst 31 Milliarden Euro gewesen. Trotzdem fehlt es sowohl im politischen Umfeld als auch bei den meisten Unternehmen an Strategien, wie der Rohstoffeinkauf zu verträglichen Preisen gesichert werden kann. Immerhin wurde von der EU mittlerweile eine Liste der besonders kritischen Rohstoffe erarbeitet. Strategische Reserven, wie sie beispielsweise in Japan, USA oder Australien vorgehalten werden, sind in Europa aber nicht geplant. Gegen Chinas Ausfuhrbeschränkungen hat man bei der WTO Klage eingereicht; ob diese jedoch von Erfolg gekrönt sein wird, bleibt abzuwarten. (2), (8), (9)

Viele wichtige Bodenschätze befinden sich in instabilen Ländern Afrikas (z. B. der Republik Kongo) und Südamerikas (Chile, Bolivien, Argentinien) sowie in China. Bezüglich der Preisgestaltung und Lieferwilligkeit ist man durch die Marktmacht dieser Produzenten nicht selten der Willkür von häufig korrupten Regimes ausgeliefert. Verschlimmert wird die Situation durch die Tatsache, dass sich China verstärkt ohne Skrupel in Unternehmen dieser Länder einkauft, um sich die Rohstoffreserven zu sichern. (4), (5), (9)

Besonders offensichtlich wurde dies im Frühjahr 2010 bei den Lieferanten von für die deutsche Stahlproduktion wichtigen Eisenerzlieferanten. Fast drei Viertel des gesamten Weltmarktvolumens an Eisenerz werden von nur drei Unternehmen abgedeckt - Vale aus Brasilien, BHP Billiton aus Australien und Rio-Tinto (britisch-australisch). Alle drei entschlossen sich, angespornt durch die steigende Nachfrage aus China, die bisher üblichen Jahres-Lieferverträge zu kündigen und nun nur noch Quartalsverträge abzuschließen. Gleichzeitig wurden die Preise um 90 bis 110 Prozent erhöht. Die auf das Erz angewiesenen Stahlkocher mussten dem kleinlaut zustimmen, obwohl es kaum möglich sein dürfte, ähnliche Konditionen bei den Kunden der Automobil- oder Maschinenbauindustrie durchzusetzen. (10)

Strategien, um den Rohstoffbedarf zu sichern

So wichtig bezahlbare Rohstoffe für die deutschen Industrieunternehmen sind, so wenig stellte man sich bisher der Herausforderung. Nur 19 Prozent der Unternehmen haben Spezialisten angestellt, die sich mit der Preisabsicherung und dem Risikomanagement im Einkauf beschäftigen. Häufigste Strategie der Preissicherung sind langfristige Verträge und die Weitergabe von Preiserhöhungen an Kunden. (8)

Dies wird in den stark umkämpften globalen Märkten aber immer schwieriger. Bei rund zwei Drittel aller Unternehmen stehen die Rohstoffkosten für über 40 Prozent der Gesamtkosten und sind damit in hohem Maße ergebnisentscheidend. Professionellere Methoden für das Rohstoffkostenmanagement sind verfügbar und sollten umgehend implementiert werden. (8)

Als ersten Schritt sollte man sich immer einen detaillierten Überblick über Märkte und Preise verschaffen. Die Preisentwicklung muss kontinuierlich im Auge behalten, Lieferanten müssen in allen Ländern der Erde gesucht und entwickelt werden. Langfristige Verträge sind wichtig, allerdings sollte man nicht versäumen, Klauseln aufzunehmen, die bei sinkenden Marktpreisen entsprechende Rückvergütungen zulassen. Ebenso sollte bei Kundenverträgen eine Preisgleitklausel nicht fehlen. (8), (11)

Von Preissicherungsgeschäften hört man immer wieder aus der Luftfahrtindustrie, wo es schon seit vielen Jahren üblich ist, die Kerosinpreise langfristig zu sichern. Aber auch andere Rohstoffe lassen sich hedgen oder über Foreward-Kontrakte planen. Da dieser Markt aber mittlerweile auch für reine Kapitalanleger und Spekulanten attraktiv geworden ist, sollte man hierfür schon eine gehörige Portion Fachwissen mitbringen, will man langfristig nicht mehr Geld verlieren als gewinnen. (7), (11)

Bei besonders kritischen Rohstoffen könnte es sich von Vorteil erweisen, sich selbst bei entsprechenden Minen oder Lieferanten zu beteiligen oder die Erschließung neuer Vorkommen selbst voranzutreiben. Ein ergänzender Aspekt in diesem Zusammenhang ist die Nutzung von Recycling-Rohstoffen, die meist sogar aus dem Inland oder aus Resteuropa beschafft werden können. (1)

Am einfachsten zu verwirklichen, ist aber eine ganz andere Strategie: die Zusammenarbeit von Einkauf mit Forschungs- und Entwicklungsabteilungen. Nur in 17 Prozent der Unternehmen scheint dies bisher praktiziert zu werden. Dabei könnte der Einkauf die Entwickler schon sehr früh auf mögliche Probleme der Rohstoffbeschaffung hinweisen und so die Nutzung von günstigeren Alternativen befördern (Design-to-Cost-Prozess). Möglicherweise ließe sich das eine oder andere Rohstoffproblem so schnell und einfach lösen, bevor es überhaupt entsteht. (8)

Trends

Die Abhängigkeit von Rohstoffen aus instabilen Ländern ist immer problematisch. Am Beispiel Erdöl zeigte sich eindrucksvoll, dass sogar Kriege geführt werden, damit die Versorgung sicher gestellt ist. Russland beweist uns immer wieder, wie einfach es ist, Gaslieferungen zu stoppen, um gewünschte (politische) Reaktionen zu erpressen. Es muss darum ureigenstes Interesse jedes Unternehmens sein, die Rohstoffversorgung mit kritischen Produkten möglichst breit zu fächern, um das Risiko einzudämmen.

Die Nutzung von Sekundärrohstoffen aus der Recyclingwirtschaft wird immer wichtiger. Schon 13 Prozent des deutschen Rohstoffbedarfs (ohne Energieträger) wird durch Recyclingmaterialien abgedeckt, und die Tendenz steigt ständig. Eine gute Alternative sind häufig außerdem Produkte aus nachwachsenden Rohstoffen, die bereits in einigen industriellen Fertigungsprozessen Eingang gefunden haben. (12)

Fallbeispiele

Die Firma Richard Wöhr hat es geschafft, eine komplette Spritzgussgehäusereihe aus nachwachsenden Rohstoffen zu entwickeln. Die "Nawa-Ro-Gehäuse" werden hauptsächlich aus Lignin und Holzfasern hergestellt und sind für den herkömmlichen industriellen Einsatz geeignet. Kundenspezifische Varianten sind ebenso kein Problem wie das gesamte gängige Farbspektrum. (13)

Die meisten deutschen Unternehmen engagieren sich schon seit den 90er Jahren nicht mehr im Rohstoff-Bereich, was sich mittlerweile als Fehler herausgestellt hat. Anders verfährt die relativ kleine Deutsche Rohstoff AG (DRAG). Da der Abbau von Bodenschätzen in Deutschland immer noch langwierig und kostenintensiv ist, konzentriert man sich erst einmal auf den Abbau im Ausland. In einem Joint Venture mit dem schweizerischen Unternehmen Glencore fördert das Unternehmen zum Beispiel Blei, Zink und Silber in Kanada. Aber auch Rohöl holt die DRAG im Rheintal aus dem Boden. Künftig will man außerdem Kupfer, Zinn, Gold und Seltene-Erden-Metalle gewinnen. (14)

Weiterführende Literatur

(1) Achillesferse Rohstoffversorgung "Die Lage ist ernst, aber wir sollten nicht in Panik verfallen"
aus Markt & Technik, Heft 36/2010, S. 8

(2) Raus aus der Rohstofffalle
aus Frankfurter Allgemeine Zeitung, 15.09.2010, Nr. 214, S. B5

(3) Rohstoffe schmieren die Weltwirtschaft
aus Süddeutsche Zeitung, 23.09.2010, Ausgabe München, Bayern, Deutschland, S. 29

(4) Seltene Erden Exotische Metalle für iPhones, Panzer und Orgelpfeifen
aus HANDELSBLATT online 12.09.2010 10:00:00

(5) China will Kontrolle über Spezialrohstoffe
aus Frankfurter Allgemeine Zeitung, 08.07.2010, Nr. 155, S. 11

(6) Baumwolle gilt zu Recht als "weißes Gold"
AUSBLICK Obwohl Baumwolle innerhalb eines Jahres um 60 Prozent gestiegen ist, sehen Analysten weiteres Potenzial
aus WirtschaftsBlatt, 21.09.2010, S. 18

(7) Neue Erzfeinde
aus WirtschaftsWoche NR. 021 VOM 22.05.2010 SEITE 154

(8) Vielen Unternehmen fehlt noch immer ein systematisches Kostenmanagement Transparenz bleibt der Schlüssel

aus Industrieanzeiger, Heft 35, 2010, S. 18

(9) Deutsche Industrie warnt vor Rohstoff-Engpass
aus Spiegel Online, 15.08.2010

(10) Eisenerz Macht der Größe
aus FOCUS-MONEY, 14.04.2010, Ausgabe 16, S. 020-022

(11) Hedging im Stahleinkauf Eine Sache für Spezialisten
aus BA Beschaffung aktuell, Heft 9, 2010, S. 38

(12) Recycling verspricht ein gutes Geschäft
aus Frankfurter Allgemeine Zeitung, 22.09.2010, Nr. 220, S. 21

(13) Wöhr: Mehr als eine Zukunftsvision Nachwachsende Rohstoffe als Basis für Spritzgussgehäuse
aus Markt & Technik, Heft 38/2010, S. 24

(14) Rohstoff AG Deutschlands geheimer Rohstoffriese
aus HANDELSBLATT online 02.08.2010 13:00:05

Impressum

Rohstoffeinkauf - eine Herausforderung (nicht nur) der chinesischen Art

Bibliografische Information der deutschen Nationalbibliothek

Die Deutsche Nationalbibliothek verzeichnet diese Publikation in der deutschen Nationalbibliografie; detaillierte bibliografische Daten sind im Internet über http://dnb.d-nb.de abrufbar.

ISBN: 978-3-7379-1112-2

© 2015 GBI-Genios Deutsche Wirtschaftsdatenbank GmbH, Freischützstraße 96, 81927 München, www.genios.de

Alle Rechte vorbehalten. Dieses Werk ist einschließlich aller seiner Teile – z.B. Texte, Tabellen und Grafiken - urheberrechtlich geschützt. Jede Verwertung außerhalb der Grenzen des Urheberrechtsgesetzes bedarf der vorherigen Zustimmung des Verlags. Dies gilt insbesondere auch für auszugsweise Nachdrucke, fotomechanische

Vervielfältigungen (Fotokopie/Mikroskopie), Übersetzungen, Auswertungen durch Datenbanken oder ähnliche Einrichtungen und die Einspeicherung und Verarbeitung in elektronischen Systemen.